8,40

Armin Täubner

Gänse und Enten

Fensterbilder aus Tonkarton

Frech-Verlag Stuttgart

Fotos: Birgitt Gutermuth

Auflage: 5. 4. 3. 2. 1. | Letzte Zahlen
Jahr: 1996 95 94 93 92 | maßgebend

frech-verlag

ISBN 3-7724-1502-4 · Best.-Nr. 1502

GmbH+Co. Druck KG Stuttgart · Druck: Frech, Stuttgart 31

Enten und Gänse sind überaus beliebt. Es gibt zahlreiche Märchen, Kinderlieder und sogar Comics, in denen sie die Hauptrolle spielen. Aber nicht nur Kinder erfreuen sich an den gefiederten Tieren. Auch Erwachsene entwickeln inzwischen wahre Sammelleidenschaften, wenn es um Enten und Gänse geht. Es gibt Gebrauchsgegenstände wie Tassen und Teller mit ihnen, sie schmücken Handtücher und Bettbezüge, aber auch als reine Dekoration begegnet man ihnen häufig.

Die Ursachen für die Beliebtheit dieser altbekannten Haustiere sind sicher sehr vielfältig. Sie gelten als Symbol für Fruchtbarkeit, Wachsamkeit und Treue. Im Volksglauben war die Ente Wetterprophetin und Hexentier. Ihr Blut und ihre Eier sah man als Heilmittel an. Den Gänsen schreibt man zu, daß sie durch ihr Geschnatter 387 v.Chr. Rom vor der Zerstörung gerettet haben.

Leider ist es heute kaum noch möglich, Enten und Gänse da zu sehen, wo sie normalerweise leben – auf Wiesen und im Wasser. Vielleicht holen sich deshalb so viele Menschen diese Haustiere als ein Stück verlorengegangene Natur in ihre Wohnung.

Ganz gleich, weshalb Sie Enten und Gänse mögen, sicher finden Sie und ihre Kinder in diesem Buch ein Fensterbild, das Ihnen gefällt. Und falls dies die erste Ente in Ihrer Wohnung sein sollte – sie bleibt bestimmt nicht lang allein!

Ergänzende Zeichnungen
siehe Vorlagenbogen.

Gänsefamilie

An den Gänsen von vorne jeweils Schnabel, Flügel und ein Bein ankleben. Das zweite Bein von hinten am Rumpf fixieren. Auge, Nasenloch und die Trennungslinie zwischen den beiden Schnabelhälften mit Filzstift aufzeichnen. Die Einzelteile der Gänseküken ebenso zusammenstellen und mit Filzstift gestalten. Die Gänsefamilie zusammen mit Eiern, Eierschalen und Grasbüscheln auf dem Bodenstück anordnen und fixieren.

Brrr, ganz schön kalt

Um diesem Fensterbild eine „flauschige" Note zu geben, wurden sämtliche Mützen- und Schalteile nach dem Ausschneiden mit Filz der gewünschten Farbe beklebt. Dazu Textilkleber verwenden, der nur dünn aufgetragen wird. Nach dem Trocknen diese Teile umdrehen und die Konturen mit der Schere nachschneiden. Am Entchen zuerst den Schnabel und das Auge, dann Mütze und Schal und schließlich Flügel und Beine ankleben. Das Entchen mitten auf der Schneefläche fixieren und zu beiden Seiten jeweils eine Schneeglöckchenpflanze anbringen.

Ergänzende Zeichnungen siehe Vorlagenbogen.

Guten Rutsch!

Am weißen Rumpf von vorne Schnabel, ein Bein, Schal (dreiteilig) und Mütze (zweiteilig) anbringen. Von hinten wird am Fuß ein Ski fixiert. Nun kann etwas versetzt das zweite Bein samt Ski von hinten am Rumpf befestigt werden. Als nächstes die Skistöcke und die Flügel anbringen. Das Auge wird mit Filzstift angedeutet.

Zeichnungen siehe Vorlagenbogen.

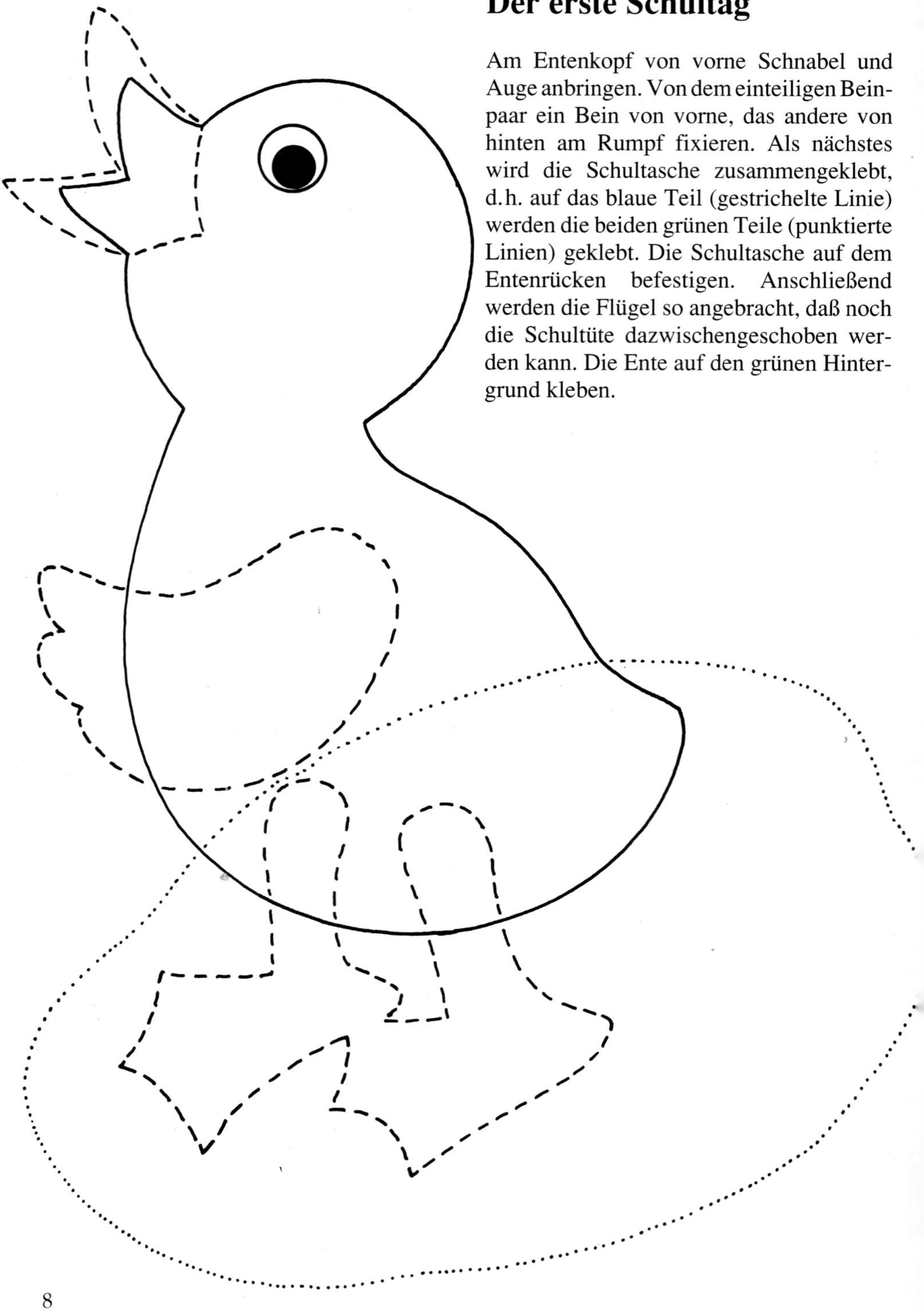

Der erste Schultag

Am Entenkopf von vorne Schnabel und Auge anbringen. Von dem einteiligen Beinpaar ein Bein von vorne, das andere von hinten am Rumpf fixieren. Als nächstes wird die Schultasche zusammengeklebt, d.h. auf das blaue Teil (gestrichelte Linie) werden die beiden grünen Teile (punktierte Linien) geklebt. Die Schultasche auf dem Entenrücken befestigen. Anschließend werden die Flügel so angebracht, daß noch die Schultüte dazwischengeschoben werden kann. Die Ente auf den grünen Hintergrund kleben.

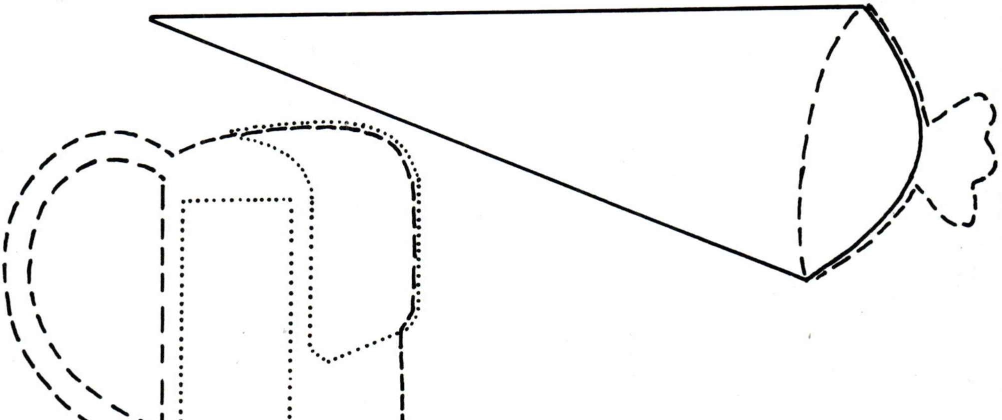

Ein Tänzchen gefällig?

Bei der Gans Füße, Schnabel und Häubchen von vorne auf den weißen Rumpf kleben. Die Trennungslinie zwischen den beiden Schnabelhälften, Nasenloch und Auge mit einem feinen schwarzen Filzstift aufzeichnen. Die Tulpenblüte besteht aus drei Teilen, d.h. auf das gestrichelte Blütenteil werden zwei einzelne Blütenblätter (punktierte Linie) geklebt und die gesamte Blüte am Stengel angebracht.

Zeichnungen siehe Vorlagenbogen.

Wie gefällt euch mein neues Häubchen?

Den grünen Rahmen mit dem Cutter ausschneiden und mit weiß-gelben Blüten bekleben. Beim Entchen von vorne Schnabel, Auge, Flügel und Häubchen befestigen. Dabei wird das Häubchen mit einem farblich passenden Stoff beklebt und mit einigen Blättchen sowie einer Blüte verziert. Die Beine von hinten am Rumpf fixieren. Abschließend das Entchen sowohl mit dem Häubchen als auch mit den Beinen am Rahmen ankleben.

Zeichnungen siehe Vorlagenbogen.

Verliebte Gänse

Das Gänsepaar ausschneiden und die beiden miteinander verbundenen Schnäbel aufkleben. Anschließend werden die Augen aufgemalt. Die Gänse auf das Tulpengrün kleben. Jede Tulpenblüte besteht aus zwei gleichen Teilen. Ein Blütenteil wird entlang der gestrichelten Linie gefaltet und an der Faltkante auf das andere geklebt. Die Tulpenblüten zusammen mit den Schmetterlingen auf dem Blattgrün verteilen und fixieren. Die Schmetterlinge werden mit Filzstift gestaltet.

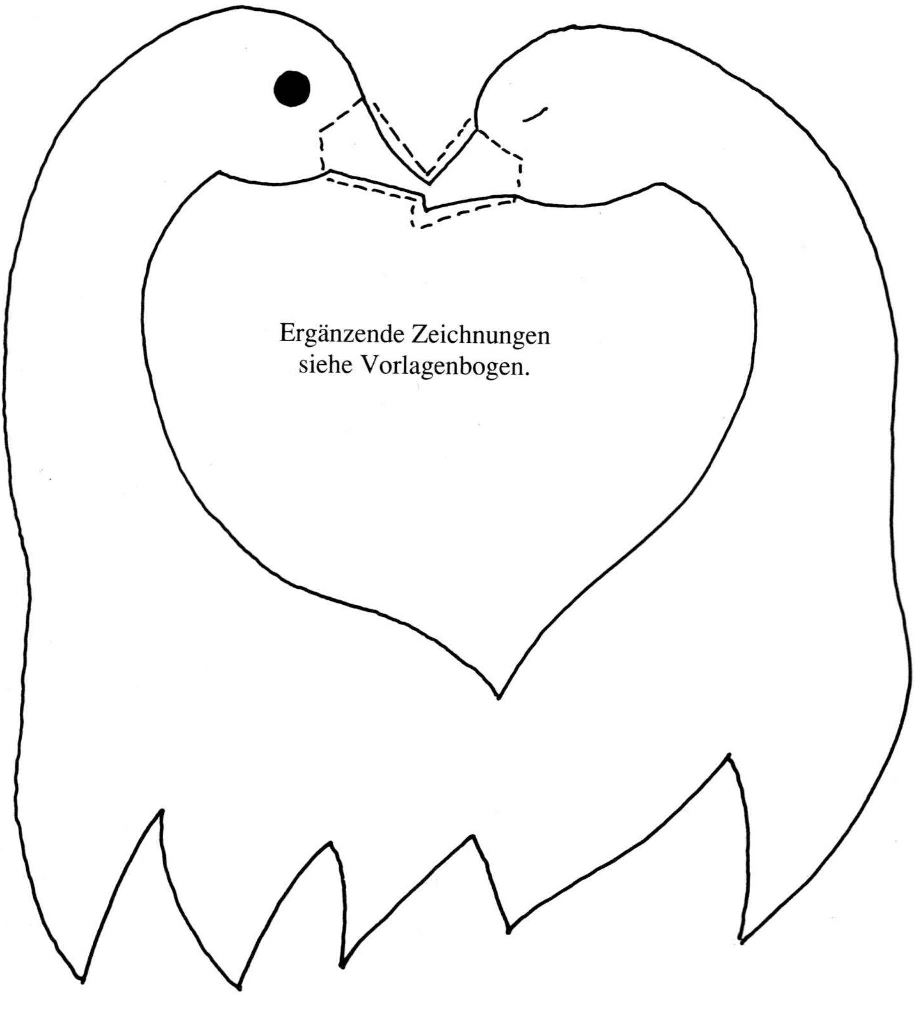

Schon wieder so viel Schnee

Am Gänsekopf zuerst den Schnabel und dann die zweiteilige Mütze fixieren. Anschließend wird der Hals von hinten am blauen Pullover befestigt. Ebenfalls von hinten die rote Hose samt den gelben Füßen anbringen. Nun kann der zweiteilige Schal angeklebt werden. An den Pulloverärmeln von hinten die zu Händen geformten Flügel fixieren. Die Ärmel am Pullover ankleben. Als nächstes wird die Gans auf dem weißen Bodenstück befestigt. Zum Schluß die Schneeschippe anbringen.

Zeichnungen siehe Vorlagenbogen.

Ergänzende Zeichnungen siehe Vorlagenbogen.

Kommst du nicht zum Schwimmen?

Den Grasbüschelstreifen auf die Bodenfläche kleben. Bei der weißen Ente von vorne Schnabel, Auge, Mützenband, Mützenpompon und Flügel ankleben. Von hinten das Beinpaar fixieren. Bei den Küken Schnabel und Flügel ebenfalls von vorne ankleben. Ein Kükenbein von vorne, das zweite von hinten am Rumpf befestigen. Die Mützen bestehen jeweils aus drei Teilen. Sie werden von hinten an den Kükenköpfen angeklebt. Die Kükenaugen mit einem schwarzen Filzstift aufmalen. Die kleine Gesellschaft auf der Bodenfläche anordnen.

Wer spielt mit mir?

Von vorne am Entchen Schnabel, Auge, Mütze (zweiteilig) und Flügel ankleben. Unter die zu einer Hand geformte Flügelspitze die Schaufel schieben und fixieren. Die Beine von hinten am Rumpf befestigen. Das Entenküken auf die Bodenfläche kleben und davor Eimer und Sandhäufchen anordnen.

Zeichnungen siehe Vorlagenbogen.

Fertig zum Osterspaziergang

Zeichnungen siehe Vorlagenbogen.

Auf den Gänsekopf zuerst den Schnabel und ein Teil der Haube (gestrichelte Linie) kleben. Anschließend wird das andere Haubenteil (punktierte Linie) angebracht. Es folgen Kleid, Flügel, Schleife und Beine. Die Gans auf das Wiesenstück kleben.

Gänsehaus

Am Gänsehaus das Dach fixieren (gestrichelte Linie). Anschließend wird das Haus auf der Bodenfläche befestigt. Es folgt das Ankleben des Strohnestes und der Grasbüschel. Bei den Gänsen die Schnäbel mit Filzstift orange einfärben. Die Gänsebeine vor dem Ankleben ebenfalls orange einfärben. Die Augen aufmalen und die Flügel ankleben. Abschließend die Gänse am Fensterbild fixieren.

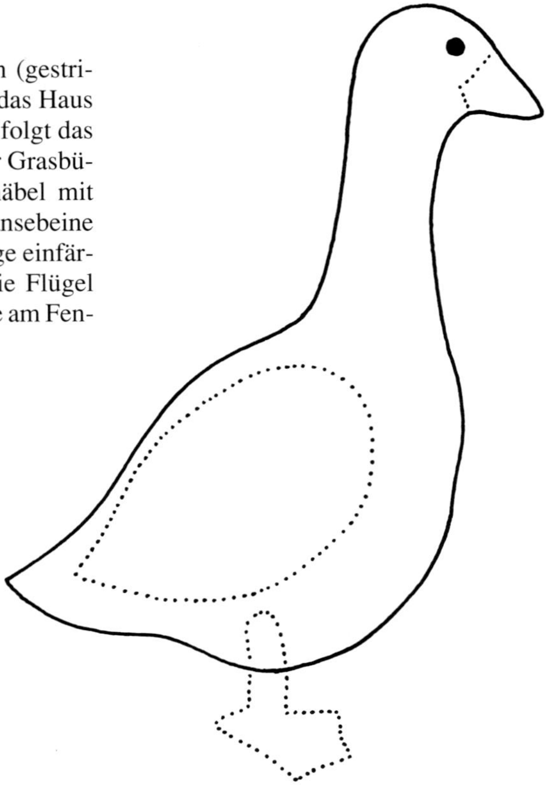

Ergänzende Zeichnungen siehe Vorlagenbogen.

Wo bleibt ihr denn?

Bei den Entchen Schnäbel, Augen und Flügel ankleben und sie zwischen den Schilfgruppen auf der Wasserfläche anordnen.

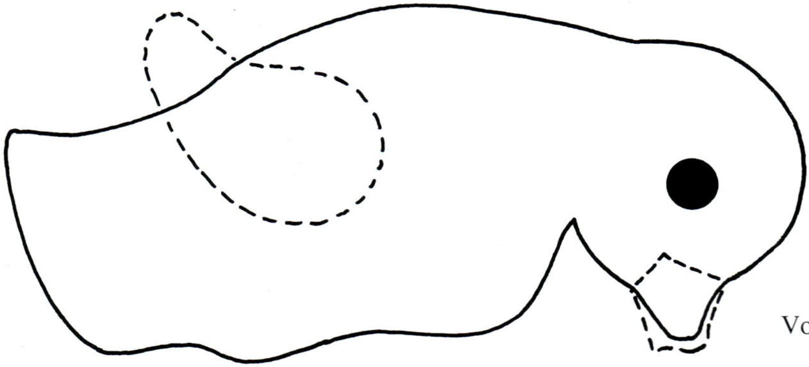

Ergänzende Zeichnungen siehe Vorlagenbogen.

Auch ein weißer Rücken kann entzücken

Am Rumpf von vorne Hut und Schnabel, von hinten die Beine anbringen. Auge und Nasenloch mit einem schwarzen Filzstift aufmalen. Nun erhält die Gänsedame ein Blätterhalsband mit aufgeklebten Blüten und wird anschließend auf dem Wiesenstück befestigt. Das Wiesenstück wird mit einigen Blüten verziert.

Zeichnungen siehe Vorlagenbogen.

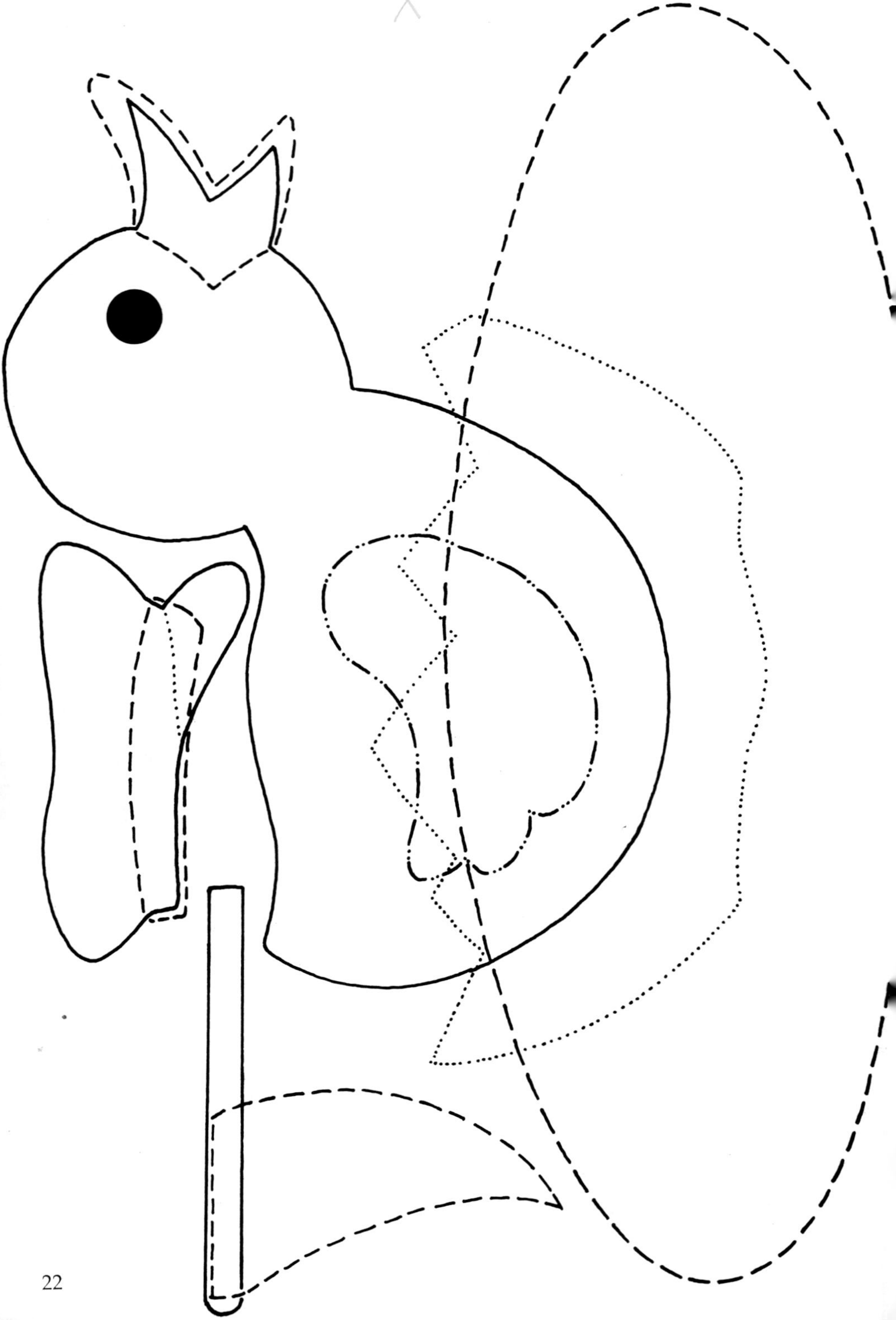

Land in Sicht!

Zunächst erhält das Entchen einen roten Schnabel. Bei der weißen Mütze (durchgezogene Linie) den Schild bis zur punktierten Linie schwarz anmalen. Anschließend wird das blaue Mützenband (gestrichelte Linie) aufgeklebt. Die Mütze am Entenkopf fixieren. Nun kann das Auge aufgeklebt oder aufgemalt werden. Das Entchen und das zweiteilige Fähnchen von hinten an die Eierschale kleben. Der anschließend angebrachte Flügel verdeckt teilweise die Schale. Nun die Eierschale auf der ovalen Wasserfläche fixieren.

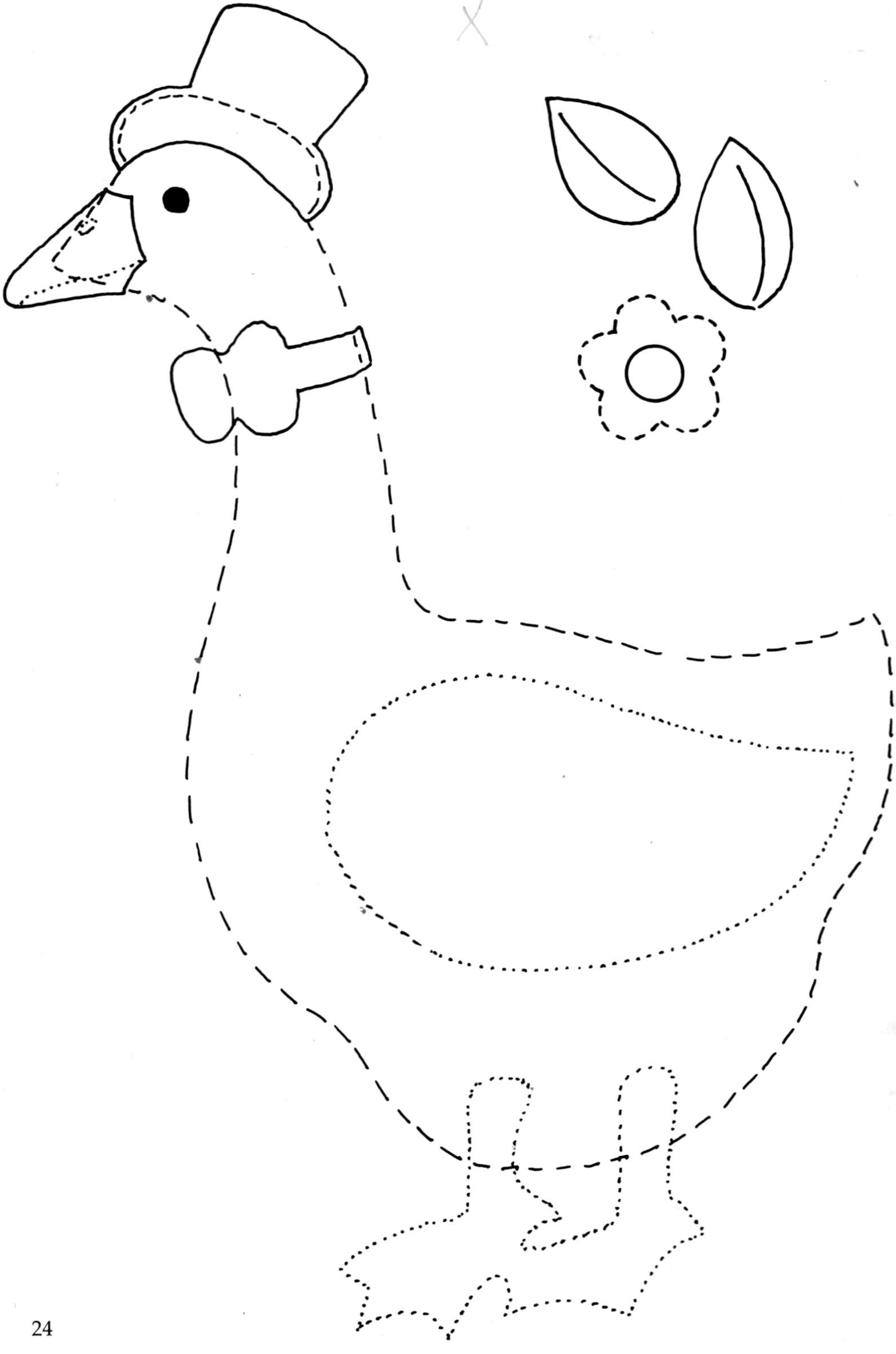

Gänsepaar

An den Gänseköpfen zuerst die Schnäbel und anschließend die Kopfbedeckungen und die Halsschleife befestigen. Die Trennungslinien zwischen den beiden Schnabelhälften mit Bleistift einzeichnen. Nun die Augen aufmalen. Das Beinpaar wird jeweils als ein Teil ausgeschnitten. Dabei das nach vorne zeigende Bein von hinten, das zurückstehende Bein von vorne am Gänserumpf ankleben. Die Flügel befestigen.

Bei jedem Blatt des Blätterbogens deutet ein leicht gebogener Schnitt die Hauptblattader an. Beim Aufkleben der Blätter von oben nach unten arbeiten. Ist der Bogen mit Blättern beklebt, können die Gänse angebracht werden. Den Schlußakzent setzen weiß-gelbe Blüten.

Ergänzende Zeichnungen
siehe Vorlagenbogen.

Ergänzende Zeichnungen
siehe Vorlagenbogen.

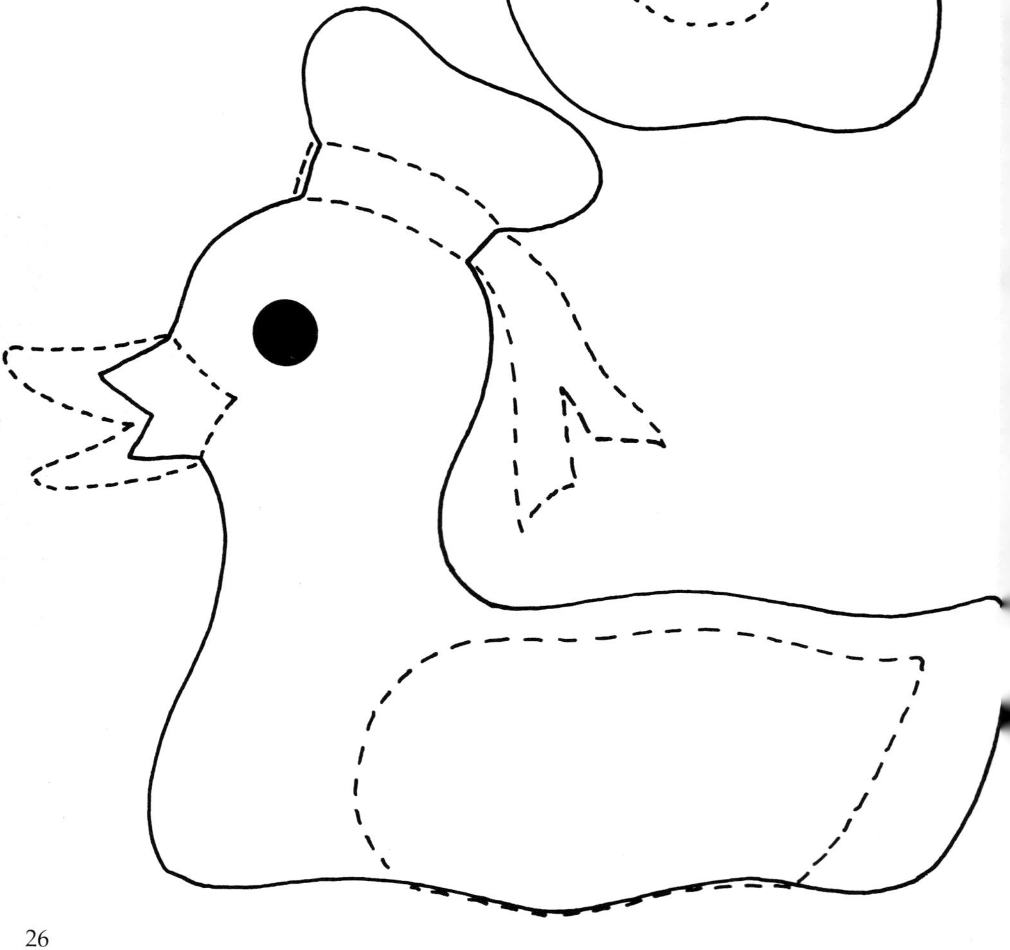

Alle meine Entchen

Die Innenfläche des Rahmens mit dem Cutter herausschneiden. Nun werden die Wolken am Rahmenhimmel fixiert. Bei der großen Ente Schnabel, Auge, Flügel und Mützenband ankleben.

Bei den Entenküken ebenfalls Schnabel und Flügel anbringen. Anschließend werden die zweiteiligen Matrosenmützen auf den Kopfhöckern der Küken fixiert. Die Entenfamilie auf der Wasserfläche des Rahmens anbringen.

Martinsgans

Mit dem Zirkel auf blauen Karton einen Kreis mit dem Radius 9,8 cm zeichnen. Diese Kreisscheibe ausschneiden und darauf die Schneefläche (gestrichelte Linie) kleben. Nun werden die Tannen angebracht. Die Gans zusammenkleben und in der Mitte des Fensterbildes fixieren. Himmel und Tannen mit weißen Punkten (0,8 cm ∅) bekleben.

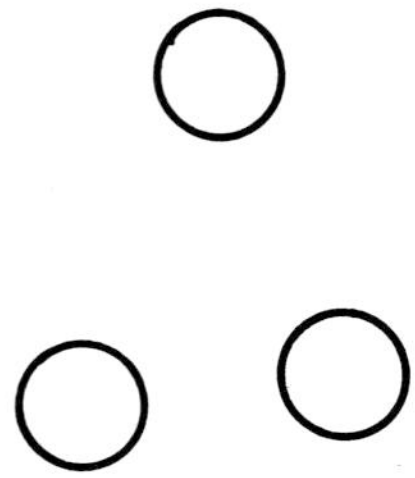

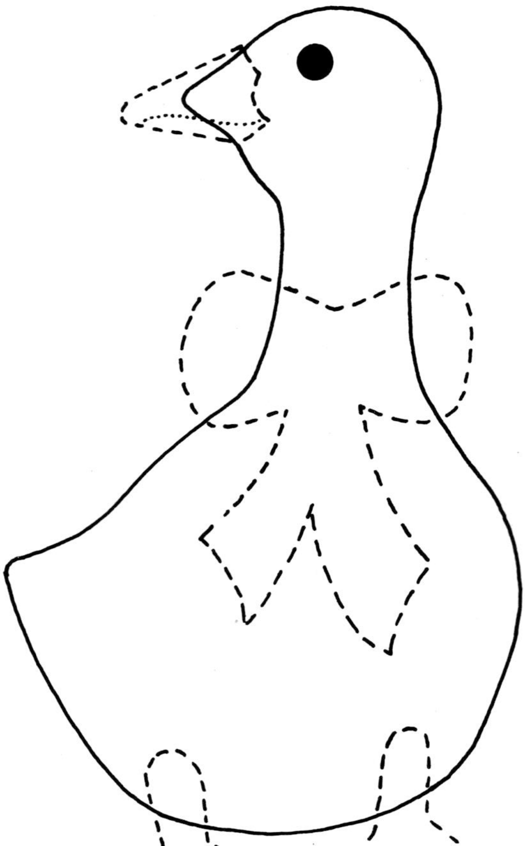

Ergänzende Zeichnungen siehe Vorlagenbogen.

Am Gänseteich

Die Innenfläche des Rahmens mit dem Cutter herausschneiden. Am Rahmenhimmel Sonne und Wolken fixieren. Auf der Wasserfläche die Schilfbüschel anordnen. Die schwimmenden Gänse aus einem Teil ausschneiden und mit Filzstift Schnäbel, Augen und die Ansätze der Beine aufmalen. Bei den fliegenden Gänsen einen Flügel von vorne, den anderen von hinten am Rumpf ankleben. Die fliegenden Gänse mit einem Faden an den Wolken frei beweglich aufhängen.

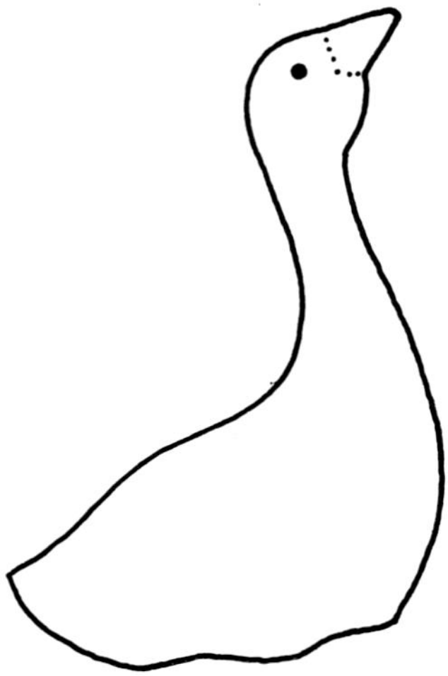

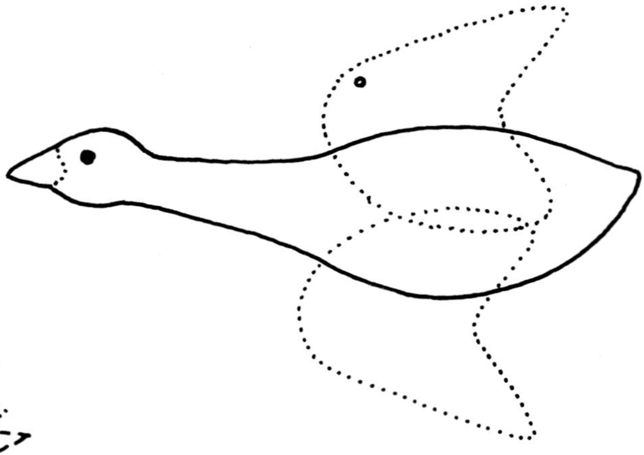

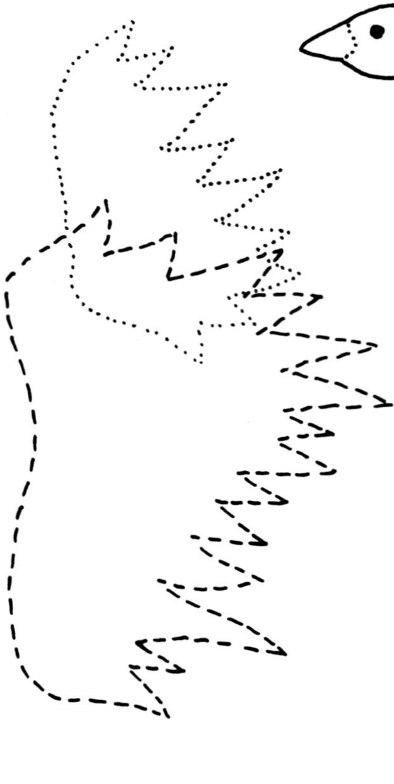

Ergänzende Zeichnungen siehe Vorlagenbogen.

Ergänzende Zeichnungen
siehe Vorlagenbogen.

Gute Freunde

Auf den roten Hundekorb zuerst die blaue Decke (gestrichelte Linie) und anschließend den schwarzen Hunderumpf (Strich-Punkt-Linie) kleben. Als nächstes wird das Ohrenpaar (punktierte Linie) befestigt. Bevor das Gesicht (durchgezogene Linie) angebracht wird, muß noch von hinten der Unterkiefer (gestrichelte Linie) mit der aufgeklebten Zunge (punktierte Linie) fixiert werden. Schnauze und Augen aufkleben. Eventuell auf die Augen noch weiße Lichtreflexe kleben. Beim Aufkleben dieser kleinen Teile ist eine Pinzette sehr hilfreich. Die Schnäbel der Entchen mit Filzstift rot einfärben und die schwarzen Augen aufmalen. Die Entenküken am Hundekorb befestigen.